NOTICE HISTORIQUE

SUR

VIVANT DENON

PAR

ANATOLE FRANCE

PARIS

P. ROUQUETTE ET FILS, ÉDITEURS

69, PASSAGE CHOISEUL, 69

1890

NOTICE HISTORIQUE

SUR

VIVANT DENON

Il y avait à Paris, sous le règne de Louis XVIII, un
homme heureux. C'était un vieillard. Il habitait, sur le
quai Voltaire, la maison qui porte aujourd'hui le numéro 9
et dont le rez-de-chaussée est actuellement occupé par
le docte Honoré Champion et sa docte librairie. La tranquille façade de cette demeure, percée de hautes fenêtres
légèrement cintrées, rappelle, dans sa simplicité aristo-
cratique, le temps de Gabriel et de Louis. C'est là qu'après
la chute de l'Empire Dominique-Vivant Denon, ancien
gentilhomme de la chambre du roi, ancien attaché d'ambassade, ancien directeur général des beaux-arts, mem-
bre de l'Institut, baron de l'Empire, officier de la Légion
d'honneur, s'était retiré avec ses collections et ses sou-

venirs. Il avait rangé dans des armoires, faites par l'ébé-
niste Boulle pour Louis XIV, les marbres et les bronzes
antiques, les vases peints, les émaux, les médailles re-
cueillies pendant un demi-siècle de vie errante et cu-
rieuse; et il vivait souriant au milieu de ces nobles
richesses. Aux murs de ses salons étaient suspendus
quelques tableaux choisis, un beau paysage de Ruysdaël,
le portrait de Molière par Sébastien Bourdon, un Giotto,
un fra Bartolomeo, des Guerchin, fort estimés alors.
L'honnête homme qui les conservait avait beaucoup de
goût et peu de préférences. Il savait jouir de tout ce qui
donne quelque jouissance. A côté de ses vases grecs et
de ses marbres antiques, il gardait des porcelaines de
Chine et des bronzes du Japon. Il ne dédaignait même
pas l'art des temps barbares. Il montrait volontiers une
figure de bronze, de style carolingien, dont les yeux de
pierre et les mains d'or faisaient crier d'horreur les
dames à qui Canova avait enseigné toutes les suavités de
la plastique. Denon s'étudiait à classer ces monuments
de l'art dans un ordre philosophique et il se proposait
d'en publier la description; car, sage jusqu'au bout, il
trompait l'âge en formant de nouveaux desseins. Il était
trop un homme du xviiie siècle pour ne point faire dans
ses riches collections la part du sentiment. Possédant
un beau reliquaire du xve siècle, dépouillé sans doute
pendant la Terreur, il l'avait enrichi de reliques nouvelles
dont aucune ne provenait du corps d'un bienheureux. Il
n'était point mystique le moins du monde et jamais
homme ne fut moins fait que lui pour comprendre l'as-
cétisme chrétien. Les moines ne lui inspiraient que du
dégoût. Il était né trop tôt pour goûter, en dilettante,
comme Chateaubriand, les chefs-d'œuvre de la péni-
tence. Son profane reliquaire contenait un peu de la

cendre d'Héloïse, recueillie dans le tombeau du Paraclet;
une parcelle de ce beau corps d'Inès de Castro, qu'un
royal amant fit exhumer pour le parer du diadème;
quelques brins de la moustache grise de Henri IV, des
os de Molière et de La Fontaine, une dent de Voltaire,
une mèche des cheveux de l'héroïque Desaix, une goutte
du sang de Napoléon, recueillie à Longwood.

Et sans chicaner sur l'authenticité de ces restes, il faut
convenir que c'étaient bien là les reliques chères à un
homme qui avait beaucoup aimé en ce monde la beauté
des femmes, assez compati aux souffrances du cœur,
goûté en délicat la poésie alliée au bon sens, estimé le
courage, honoré la philosophie et respecté la force. Devant ce reliquaire, Denon pouvait, du fond de sa vieil-
lesse souriante, revoir toute sa vie et se féliciter de
l'emploi riche, divers, heureux, qu'il avait su donner à
tous ses jours. Petit gentilhomme de forte sève bourgui-
gnonne, né sur cette terre légère du vin où les cœurs
sont naturellement joyeux, il avait sept ans, quand une
bohémienne qu'il rencontra sur un chemin lui dit sa
bonne aventure : « Tu seras aimé des femmes; tu iras à
la cour; une belle étoile luira sur toi. » Cette destinée
s'accomplit de point en point; Denon alla, tout jeune,
chercher fortune à Paris. Il fréquentait les coulisses de
la Comédie-Française et toutes les actrices raffolaient
de lui. Elles voulurent jouer une comédie qu'il avait faite
pour elles et qui n'en valait pas mieux. Cependant il se
tenait sans cesse sur le passage du roi.

— Que voulez-vous? lui demanda un jour Louis XV.

— Vous voir, sire.

Le roi lui accorda l'entrée des jardins. Sa fortune était
faite. Il devint bientôt le maître à graver de Mme de Pom-
padour qui s'amusait à tailler des pierres fines. Car il

faut dire qu'il dessinait lui-même et gravait très joliment. Louis XV aimait l'esprit, parce qu'il en avait. Denon le charma en lui faisant des contes. Il le nomma gentilhomme de la chambre. Il lui disait à tout événement :

— Contez-nous cela, Denon.

Et comme Schéhérazade, Denon contait toujours, mais ses contes étaient d'un ton plus vif que ceux de la sultane. Et l'on enrageait de voir que, plaisant aux femmes, il plaisait aussi aux hommes. Après la mort de la marquise, il se fit envoyer à Saint-Pétersbourg, puis à Stockholm, comme attaché d'ambassade; enfin, à Naples, où il resta, je crois, sept ans. Là il se partagea entre la diplomatie, les arts et la belle société. On peut se le figurer, jeune, d'après un portrait à l'eau-forte où il s'est représenté un crayon à la main, sous une architecture à la Piranèse. Son chapeau de feutre aux bords souples, sa large collerette, son manteau vénitien, son air souriant et rêveur lui donnent l'air de sortir d'une fête de Watteau. Les cheveux bouffants, l'œil vif et noir, le nez un peu retroussé, carré du bout, les narines friandes, la bouche en arc et creusée aux coins, les joues rondes, il respire une gaieté aimable et fine, avec je ne sais quoi d'attentif et de contenu. Il gravait alors de nombreuses planches dans la manière de Rembrandt et même il fut reçu de l'Académie de peinture sur l'envoi d'une *Adoration de bergers*, qu'on dit médiocre. A ses grandes planches d'après le Guerchin ou Potter on préfère aujourd'hui les compositions de style familier où il montra son esprit d'observation avec une pointe de fine malice. En ce genre, le *Déjeuner de Ferney* est son chef-d'œuvre : courtisan de Louis XV, il s'honora en se faisant le courtisan de Voltaire. Il se présenta à Ferney et, comme on hésitait à le recevoir, il fit dire au philosophe qu'étant gentilhomme ordinaire il avait le droit de le voir ; c'était traiter Voltaire en roi. Il rapporta de cette visite la planche dont nous parlons, où Voltaire apparaît si vivant et si étrange sous la coiffe de nuit, vieux squelette agile, aux yeux de feu, en robe de chambre et en culotte. Et Denon retourne sous le beau ciel de l'Italie, où il goûte en délicat la grâce des femmes et la splendeur des arts. La Révolution éclate. Il ne s'émeut guère et dessine sous les orangers.

Tout à coup il apprend que son nom est sur la liste des émigrés, que ses biens sont mis sous séquestre. Il n'hésite pas. Ce voluptueux n'a jamais craint le danger : il rentre en France hardiment. Et il n'a pas tort de se fier en son adroite audace.

A peine est-il à Paris qu'il a intéressé David à ses intérêts et gagné les membres du Comité de Salut public. On lui rend ses biens ; on lui commande des dessins de costumes. Il est aimé, protégé, favorisé, comme aux jours de la marquise.

Et le voilà traversant la Terreur, sans bruit, voyant tout, ne disant rien, tranquille, curieux. Il passe de longues heures au Tribunal révolutionnaire, crayonnant dans le fond de son chapeau, d'un trait mordant les accusés, les condamnés. Aujourd'hui Danton, calme dans sa vulgarité robuste. Demain Fouquier larmoyant et Carrier étonné. Quelques-uns de ses dessins, gracieusement prêtés par M. Auguste Dide, figurent à l'Exposition de la Révolution, organisée par MM. Étienne Charavay et Fernand Calmettes, dans le pavillon de Flore. Quand on les a vus une fois, on ne peut les oublier, tant ils ont de vérité et d'expression, tant ils sont frappants. Denon observait, attendait. Le 9 Thermidor lui fit perdre des protecteurs qu'il ne regretta point. La bohémienne lui avait prédit l'amitié des femmes et les faveurs de la cour. Et il avait été aimé, il avait été favorisé. La bohémienne lui avait annoncé enfin une étoile éclatante. Cette dernière promesse devait s'accomplir aussi. L'étoile se levait sur l'heureux déclin de cette vie fortunée. En 1797, il rencontre, dans un bal, chez M. de Talleyrand, un jeune général qui demande un verre de limonade. Denon lui tend le verre qu'il tient à la main. Le général remercie ; la conversation s'engage, Denon parle avec sa grâce ordinaire et gagne en un quart d'heure l'amitié de Bonaparte.

Il plut tout de suite à Mme Bonaparte et devint de ses familiers. L'année suivante, comme il était dans le cabinet de toilette de cette dame, se chauffant à la cheminée, car l'hiver durait encore :

— Voulez-vous, lui dit-on, faire partie de l'expédition d'Égypte ?

Les savants de la commission étaient déjà en route. La flotte devait mettre à la voile dans quelques jours.

— Serai-je maître de mon temps et libre de mes mouvements ? demanda-t-il.

On le lui promit.

— J'irai, dit-il.

Il était âgé de plus de cinquante ans. Dans toute la campagne, il montra une intrépidité charmante. Le portefeuille en bandoulière, la lorgnette au côté, les crayons à la main, au galop de son cheval, il devançait les premières colonnes pour avoir le temps de dessiner en attendant que la troupe le rejoignît. Sous le feu de l'ennemi, il prenait des croquis avec la même tranquillité que s'il eût été paisiblement assis à sa table, dans son cabinet. Un jour que la flottille de l'expédition remontait le Nil, il aperçut des ruines et dit : « Il faut que j'en fasse un dessin. » Il obligea ses compagnons à le débarquer, courut dans la plaine, s'établit sur le sable et se mit à dessiner. Comme il achevait son ouvrage, une balle passe en sifflant sur son papier. Il relève la tête et voit un Arabe qui venait de le manquer et rechargeait son arme. Il saisit son fusil déposé à terre, envoie à l'Arabe une balle dans la poitrine, referme son portefeuille et regagne la barque.

Le soir, il montra son dessin à l'état-major. Le général Desaix lui dit :

— Votre ligne d'horizon n'est pas droite.

— Ah! répond Denon, c'est la faute de cet Arabe. Il a tiré trop tôt.

A deux ans de là il était nommé par Bonaparte directeur général des musées. On ne peut refuser à cet habile homme le sens de l'à-propos et l'art de se plier aux circonstances. Il avait quitté sans regret le talon rouge pour les bottes à éperon. Courtisan d'un empereur à cheval, il suivit de bon cœur son nouveau maître dans ses campagnes, en Autriche, en Espagne, en Pologne. Antrefois il expliquait des médailles à Louis XV dans les boudoirs de Versailles. Maintenant il dessinait au milieu des batailles sous les yeux du conquérant et charmait les vétérans de la Grande Armée par son mépris élégant du danger. A Eylau, l'empereur vint lui même le tirer du plateau balayé par la mitraille.

Puis, quand la fête fut finie, quand l'Empire tomba, Denon sentit que l'heure était venue de se reposer et de vieillir doucement. Nous sommes en 1816. Toujours aimable, toujours aimé, souriant encore sous ses cheveux blancs, causeur plein de jeunesse, il reçoit toutes les célébrités de la France et du monde dans son illustre retraite du quai Voltaire.

L'âge a blanchi la soie légère de ses cheveux et creusé son sourire dans ses joues. Le vieux baron sait bien que

sa vie est une espèce de chef-d'œuvre. Il n'oublie ni ne
regrette rien ; son burin, parfois un peu libre, rappelle
dans des planches secrètes les plaisirs de sa jeunesse.
Ses causeries aimables font revivre tour à tour la cour
de Louis XV et le Comité de Salut public.

Aujourd'hui c'est lady Morgan, la belle patriote irlandaise, qui lui rend visite, traînant avec elle sir Charles,
son mari, grave et silencieux.

Le baron montre à la jeune enthousiaste les trésors
de son cabinet. Elle admire pêle-mêle les vases étrus-
ques, les bronzes italiens et les tableaux flamands ; les
propos du vieillard qui vit tant de choses l'enchantent.
Tout à coup elle découvre dans une vitrine un petit pied
de momie, un pied de femme.

— Qu'est-ce cela? dit-elle.

Et le vieillard lui apprend qu'il a trouvé ce petit pied
dans la nécropole tant de fois violée de la Thèbes aux
Cent Portes.

— C'était sans doute, dit-il, le pied d'une princesse,
d'un être charmant, dont la chaussure n'avait jamais
altéré les formes et dont les formes étaient parfaites.
Quand je le trouvai, il me sembla obtenir une faveur et
faire un amoureux larcin dans la lignée des Pharaons.

Et il s'anime à l'odeur de la femme. Il admire avec
tendresse la courbure élégante du cou-de-pied, la
beauté des ongles teints de henné, comme en sont teints
encore les pieds des modernes Égyptiennes. Et, suivant
le fil de ses souvenirs, il raconte l'histoire d'une indi-
gène qu'il a connue à Rosette.

« Sa maison était en face de la mienne, dit-il, et comme
les rues de Rosette sont étroites, nous eûmes bien vite
fait connaissance. Mariée à un *roumi*, elle savait un peu
d'italien. Elle était douce et jolie. Elle aimait son mari,

mais il n'était pas assez aimable pour qu'elle ne pût aimer que lui. Il la maltraitait dans sa jalousie. J'étais le confident de ses chagrins : je la plaignais. La peste se déclara dans la ville. Ma voisine était si communicative qu'elle devait la prendre et la donner. Elle la prit en effet de son dernier amant et la donna fidèlement à son mari. Ils moururent tous trois. Je la regrettai ; sa singulière bonté, la naïveté de ses désordres, la vivacité de ses regrets m'avaient intéressé. »

Mais lady Morgan, qui va d'une vitrine à l'autre, promenant parmi les débris des temps sa tête vive et brune, pousse un cri. Elle a vu, pendu au mur, le masque en plâtre de Robespierre.

— Le monstre ! s'écrie-t-elle.

Le bon baron n'a pas de ces haines généreuses. Pour lui, Robespierre fut un maître qu'il a conquis comme les deux autres, Louis XV et Napoléon. Il conte à la belle indignée comment il s'est rencontré une nuit avec le dictateur. Il était chargé de dessiner des costumes. On lui manda de se présenter, pour cet effet, devant le comité qui s'assemblait aux Tuileries à deux heures du matin.

« Je me rendis au palais à l'heure dite. Une garde armée veillait dans les antichambres à peine éclairées. Un huissier me reçut, puis s'éloigna, me laissant seul dans une salle que la lueur d'une seule lampe laissait aux trois quarts dans l'ombre. Je reconnus l'appartement de Marie-Antoinette, où, vingt ans auparavant, j'avais servi comme gentilhomme ordinaire de Louis XV. Pendant que je buvais ainsi dans la coupe amère du souvenir, une porte s'ouvrit doucement, et un homme s'avança vers le milieu du salon. Mais, apercevant un étranger, il recula brusquement : c'était Robespierre. A la faible lueur de la lampe je vis qu'il mettait la main dans son sein, comme pour y chercher une arme cachée. N'osant lui parler, je me retirai dans l'antichambre où il me suivit des yeux. J'entendis qu'il agitait violemment une sonnette placée sur la table.

« Ayant appris de l'huissier, accouru à cet appel, qui j'étais et pourquoi je venais, il me fit faire des excuses et me reçut sans tarder. Pendant tout l'entretien, il garda dans ses manières et dans ses paroles un air de grande politesse et de cérémonie, comme s'il eût voulu ne pas se montrer en arrière de courtoisie avec un ancien gentilhomme de la chambre. Il était vêtu en petit-maître ; son gilet de mousseline était bordé de soie rose. »

Lady Morgan boit les paroles du vieillard ; elle retient tout, pour tout écrire fidèlement, sans les dates qu'elle embrouille ensuite, selon la coutume de tous ceux qui écrivent des mémoires.

Avant de prendre congé, elle veut témoigner à M. Denon toute son admiration. Elle lui demande par quel secret il a acquis tant de connaissances.

— Vous devez, lui dit-elle, avoir beaucoup étudié dans votre jeunesse ?

Et **M**. Denon lui répond :

— Tout au contraire, milady, je n'ai rien étudié, parce que cela m'eût ennuyé. Mais j'ai beaucoup observé, parce que cela m'amusait. Ce qui fait que ma vie a été remplie et que j'ai beaucoup joui.

Ainsi le baron Denon fut heureux pendant plus de soixante-dix ans. A travers les catastrophes qui bouleversèrent la France et l'Europe et précipitèrent la fin d'un monde, il goûta finement tous les plaisirs des sens et de l'esprit. Il fut un habile homme. Il demanda à la vie tout ce qu'elle peut donner, sans jamais lui demander l'impossible. Son sensualisme fut relevé par le goût des belles formes, par le sentiment de l'art et par la quiétude philosophique; il comprit que la mollesse est l'ennemie des vraies voluptés et des plaisirs dignes de l'homme. Il fut brave et goûta le danger comme le sel du plaisir. Il savait qu'un honnête homme doit payer à la destinée tout ce qu'il lui achète. Il était bienveillant. Il lui manqua sans doute ce je ne sais quoi d'obstiné, d'extrême, cet amour de l'impossible, ce zèle du cœur, cet enthousiasme qui fait les héros et les génies. Il lui manqua l'au delà. Il lui manqua d'avoir jamais dit : « Quand même. » Enfin, il manqua à cet homme heureux l'inquiétude et la souffrance.

En descendant l'escalier du quai Voltaire, la jeune Irlandaise, qui avait beaucoup sacrifié à la patrie et à la liberté, murmura ces paroles :

« Les habitudes de sa vie ne lui permirent de prendre les armes pour aucune cause. »

Elle avait touché le défaut de cette existence heureuse.

Tel fut le baron Dominique-Vivant Denon. Nous avons ravivé sa mémoire à propos d'un petit conte intitulé : *Point de lendemain* que la librairie Rouquette vient de réimprimer à peu d'exemplaires, avec de jolies gravures de Paul Avril. On ne s'avise point de tout. Je songe un peu tard que ce conte, qui est un bijou, est peut-être un bijou indiscret qu'il faut laisser sous la clef fidèle des armoires de nos honnêtes bibliophiles. Le mieux est de n'en point parler ici. Je dirai seulement que je ne partage pas les incertitudes du nouvel éditeur qui ne sait trop s'il faut attribuer *Point de lendemain* à Denon ou à Dorat.

Ce léger chef-d'œuvre est de Vivant Denon. Je m'en

rapporte sur ce point à Quérard et à Poulet-Malassis qui
n'en doutaient point. M. Maurice Tourneux, que je con-
sultais hier, n'en doute pas davantage. Ce sont là de
grandes autorités.

ANATOLE FRANCE.

Paris. — Typ. G. Chamerot, 19, rue des Saints-Pères. — 25103.

www.ingramcontent.com/pod-product-compliance
Lightning Source LLC
Chambersburg PA
CBHW051156050726

47594CB00007B/2925